CIDER-Toddler
Children in Disaster:
Evaluation & Recovery

JN433165

외상 경험이 있는
유아동을 위한 마음 회복 워크북

괜찮아, 토닥아

방수영, 이미선, CIDER 연구팀

만
2~4세

괜찮아, 토닥아

(CIDER-T)

첫째판 1쇄 인쇄 | 2023년 6월 07일
첫째판 1쇄 발행 | 2023년 6월 17일

저　　자 방수영, 이미선, CIDER 연구팀
출 판 인 장주연
출판기획 임경수
책임편집 김지수
표지디자인 김재욱
편집디자인 주은미
일러스트 배재현
출 판 처 군자출판사(주)
등록 제4-139호(1991.6.24)
(10881) **파주출판단지** 경기도 파주시 회동길 338(서패동 474-1)
Tel. (031)943-1888　Fax. (031)955-9545
홈페이지 | www.koonja.co.kr

ⓒ 2023년, 괜찮아, 토닥아 / 군자출판사(주)
본서는 저자와의 계약에 의해 군자출판사에서 발행합니다.
본서의 내용 일부 혹은 전부를 무단으로 복제하는 것은 법으로 금지되어 있습니다.
* 파본은 교환하여 드립니다.
* 검인은 저자와의 합의하에 생략합니다.
* 본 연구는 보건복지부 정신건강기술개발사업의 지원에 의하여 이루어졌습니다(HM15C1058).

ISBN 979-11-7068-015-4 (77510)
정가 9,000원

괜찮아, 토닥아

(CIDER-T*)

* CIDER-T: CIDER-Toddler

도서 활용 가이드

이 책은 [보건복지부 정신건강기술개발사업단]이 지원하는 재난충격 해결을 위한 한국형 재난 유형별 개입기술 개발 및 기반 연구과제 내용의 일부를 소개하는 워크북입니다. 본 내용은 소아 재난 기본 치료(Children In Disaster: Evaluation & Recovery, CIDER)에 준하였으며, 소아청소년의 발달단계를 고려하여 구성하였습니다.

이 책은 소아청소년 정신건강의학과 전문의 및 정신건강 전문가들이 집필하였으며, 외상(트라우마)을 경험한 유아동이 보다 건강하게 성장하고 마음의 회복을 이루길 바라는 마음으로 개발하게 되었습니다. 목차는 1) 워크북 2) 컬러링 북 3) 양육자 가이드로 구성되어 있습니다. 이 책의 사용 순서와 방법을 소개드리면 다음과 같습니다.

유아동과 이 책을 함께 살펴볼 양육자(또는 선생님)께서 〈양육자 가이드〉를 먼저 읽어보시기를 바랍니다. 〈워크북〉은 유아동이 안정화 작업을 연습하는 내용을 포함하고 있으며, 이때 유아동이 가장 안심이 될 수 있을 어른과 함께 마음 회복 기술을 연습하도록 만들었습니다. 〈워크북〉의 내용을 충분히 연습한 이후, 유아동이 언제든지 〈컬러링 북〉을 통해 자유롭게 자신의 마음을 표현해낼 수 있도록 다양한 도안을 제시하였습니다.

아이와 같이 천천히 읽으면서 각각의 〈안정화 기법〉을 연습해보시기 바랍니다. 이때 아이의 기분을 잘 수용하면서 함께 속도를 맞춰가는 것이 가장 중요합니다. 그리고 아이와 나누는 이야기에 대하여 무리하게 질문하지 않는 것이 좋습니다.

유아동이 외상(트라우마)을 경험하게 된 이후, 대부분 정상적인 반응으로 호전되는 편입니다. 그러나 유아동의 외상 증상이 장기화되고 지속이 될 경우에는 꼭 전문가를 찾아 진료 또는 상담을 받으시기를 권고합니다.

이 책이 마음 회복이 필요한 아이들에게 많은 도움이 될 수 있기를, 그리고 유아동을 돌보시는 모든 양육자(부모님, 선생님 등)께도 효율적으로 활용되기를 기대합니다. 감사합니다.

주저자 : 방수영, 이미선, CIDER 연구팀

저자 소개

| 저자 |

방수영 노원을지대학교병원 정신건강의학과, 노원구중독관리통합지원센터

이미선 가톨릭대학교 의과대학 예방의학교실

| CIDER 연구팀 |

배승민 가천의과대학 길병원 정신건강의학과, 인천스마일센터

김은지 마음토닥 정신건강의학과의원

황준원 강원대학교병원 정신건강의학과

장형윤 아주대학교병원 정신건강의학과, 경기남부해바라기센터(거점)

이주현 아이나래 정신건강의학과의원

김지연 좋은마음 정신건강의학과의원

이철순 경상국립대학교 의과대학 및 창원경상국립대학교병원 정신건강의학과

박장호 울산대학교병원 정신건강의학과

목차

CIDER-T
(CIDER-Toddler)

괜찮아, 토닥아

워크북

숲 속의 친구 거북이에요.

안녕~ 친구들~

내 이름은 토닥이야~

반가워~

어느 날,

토닥이에게 마음 아픈 일이 생겼어요.

토닥아~

많이 슬프니?

토닥이가 아파요.

아픈 곳을 색칠해 보세요.

우리가 슬프면

몸은 말해요.

우리가 힘들면

깜짝 놀라 몸이 떨리기도 해요.

나도 모르게 무서워

도망을 가거나~

내 몸이 얼음이 되어서

눈물도 주룩주룩 흐르죠.

괜찮아요.

그럴 수 있어요.

괜찮아요.

여기, 감정 온도계가 있어요.

표정을 보고 내 마음이 어떤지

색칠해 보세요~

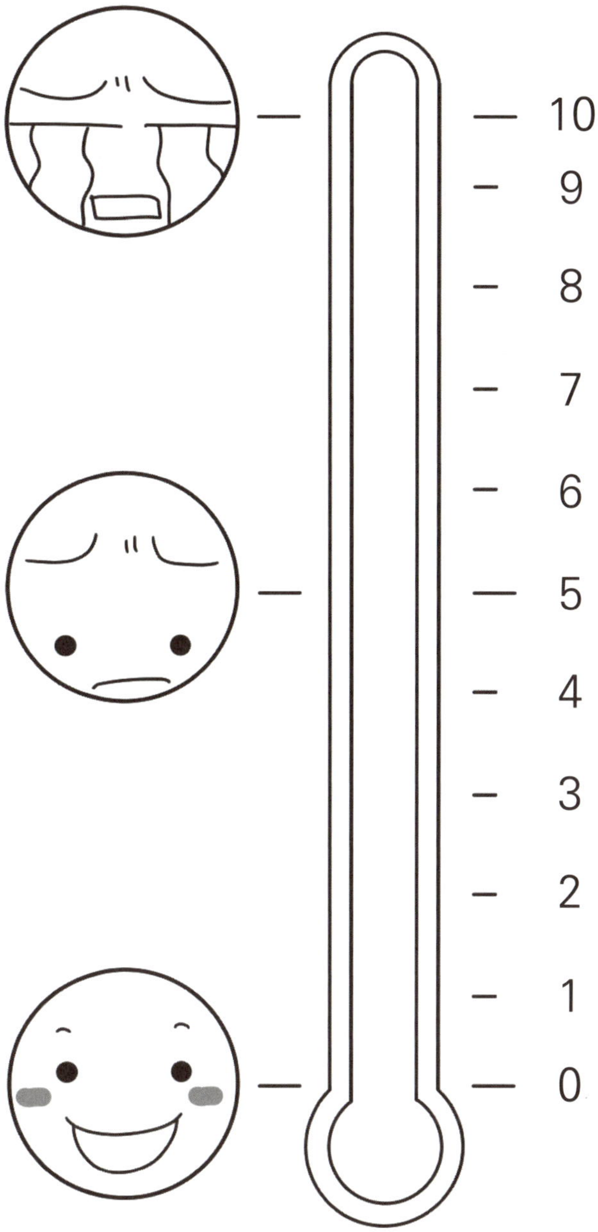

토닥이와 함께

마음이 편안해지는 연습을 해 볼까요?

코로 숨을 들이마셔요~

입으로 길게 후우~

다시 한 번~

입으로 길게 후우~

잘 했어요.

아랫배를 풍선처럼 커지게 해요.

입으로 길게 후우~

다시~

배가 풍선처럼 커져요~

입으로 길게 후우~

배가 쏘옥~ 들어가요.

누워서도 해봐요.

입으로 후우~

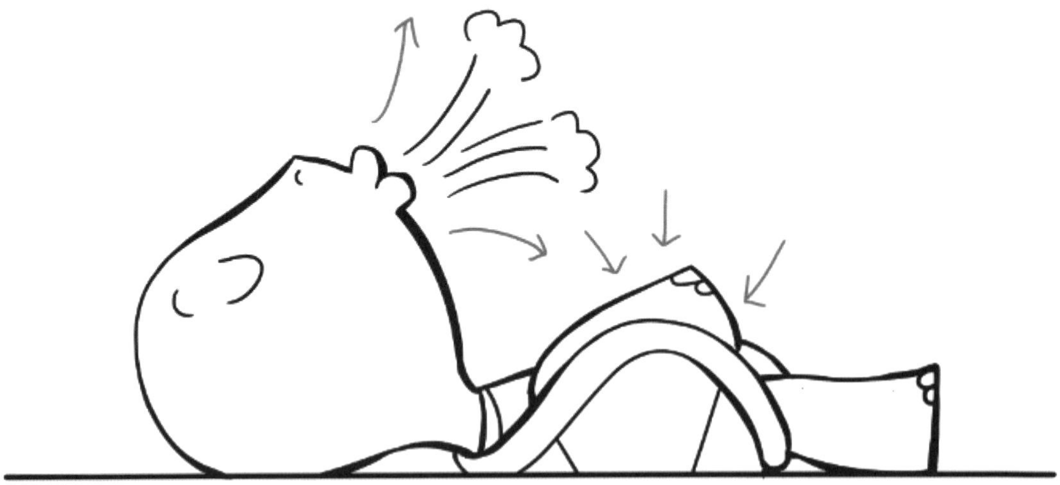

다시 배가 풍선만큼 커지게~

입으로 길게 후우~

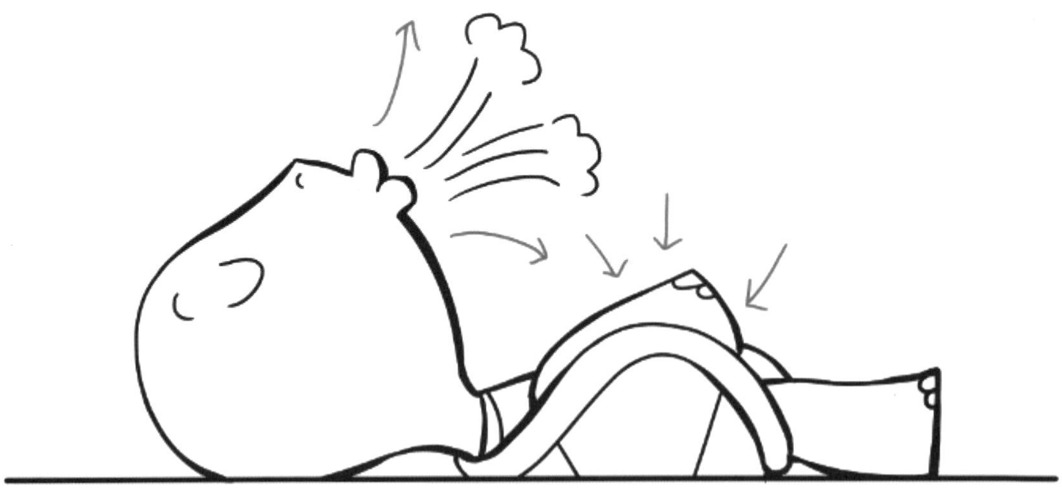

발을 바닥에 쿠웅~ 쿵~

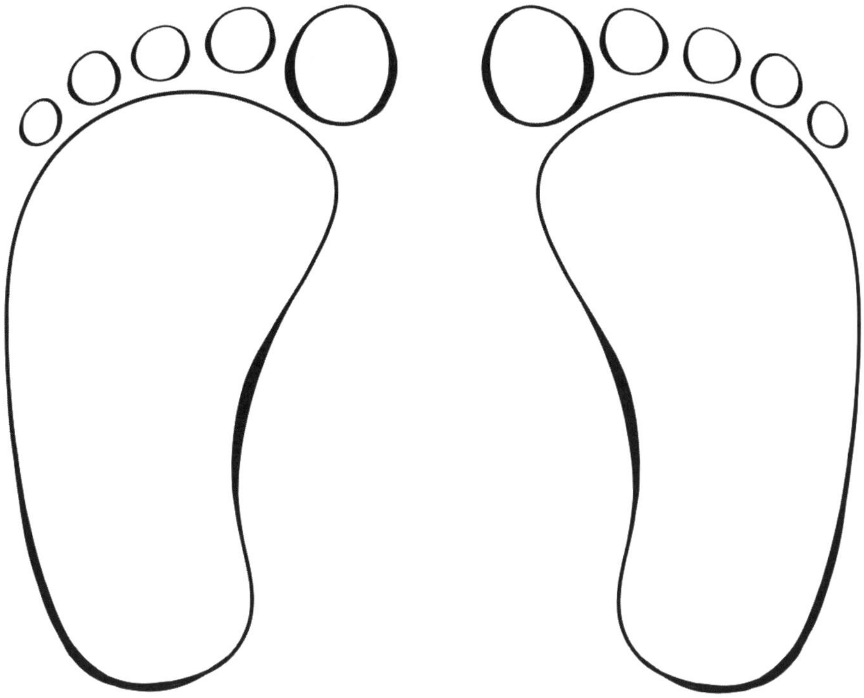

왼쪽 발~ 오른쪽 발~

천천히 쿵~ 쿵~

갑자기 무섭고 힘들면

가슴을 토닥~ 토닥~

왼손~ 오른손~

토닥~ 토닥~

지금은 어때요?

감정 온도계에 색칠하세요.

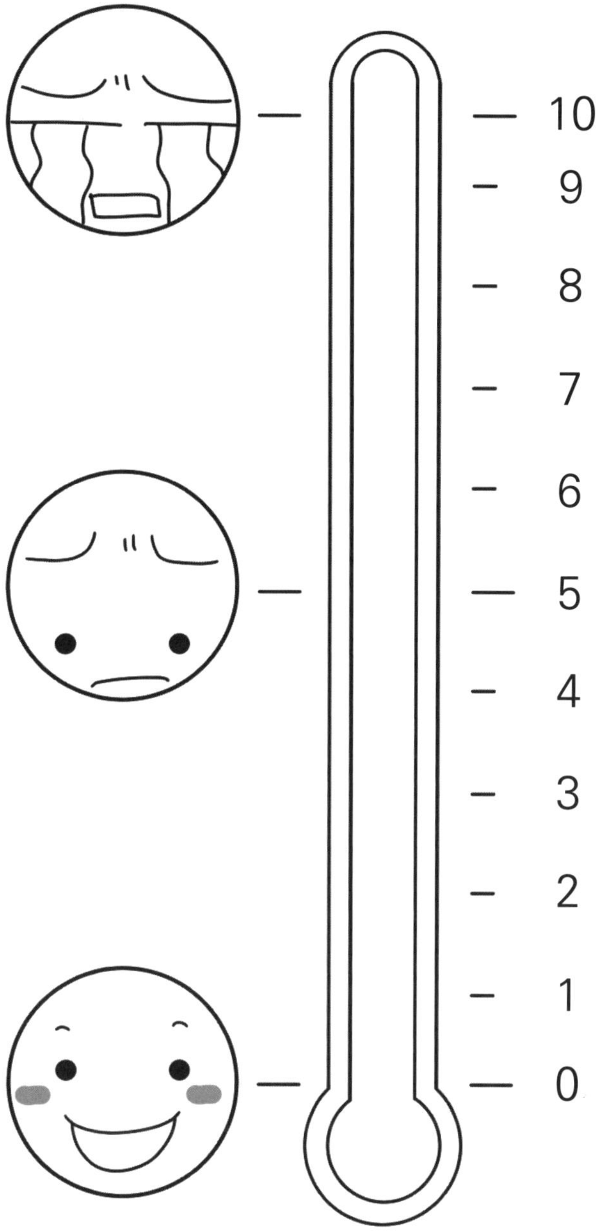

잘 했어요.

편안한가요?

연습할수록

더 좋아져요.

잘 하고 있어요.

토닥이처럼 마음이 아프면

이야기해요.

언제든지 도와줄게요.

우리 모두 괜찮아!

힘내, 토닥~ 토닥~

함께 연습해요~

컬러링 북

색칠을 해보세요!

색칠을 해보세요!

색칠을 해보세요!

색칠을 해보세요!

색칠을 해보세요!

색칠을 해보세요!

색칠을 해보세요!

색칠을 해보세요!

색칠을 해보세요!

부록

마음 회복, 양육자 가이드

외상을 경험한 우리 아이와
함께 연습하세요!

▲ 점선을 따라 뜯어서 사용하세요.

외상성 반응은 정상적이며 자연스러운 반응입니다.

현재 우리 아이에게 나타나는 여러 반응들은
지극히 정상이며 자연스러운 거예요.

고통이나 다양한 반응들은 큰일을 겪으면서
너무 놀란 기억이 몸과 마음에 남아 있어서 그런 것일 뿐이지요.

처음에는 당황스럽고
'우리 아이가 큰일 나는 게 아닌가?' 라는 생각에
무서울 수도 있지만,
절대 아니에요.

이 모든 것은 '정상'이에요.

자! 우리 아이에게 따뜻한 목소리로 말해 주세요.

"괜찮아."
"울어도 괜찮아."
"화가 나도 괜찮아."
"몸이 떨려도 괜찮아."
"자연스런 반응이야."

외상 경험 후, 우리 아이들에게 나타날 수 있는 심리적 반응

- 감기에 걸리면 열이 나고 기침, 콧물이 나듯이 외상을 경험하면 대부분 여러 증상을 경험하게 되지요.
- 힘든 일을 경험한 우리 아이들에게 나타날 수 있는 반응들을 안내합니다.

→ 그 일을 생각하지 않으려고 해도 마음속에 갑자기 떠올라요.

"그것은 누구나 큰일을 당하면 생길 수 있는 정상적인 반응이에요. 그때 경험, 기억을 뇌가 제대로 처리하지 못해서 그때 기억이 자꾸 올라오는 것뿐이지요. 마치 상한 음식을 먹으면 위가 소화를 못 시키고 어디 걸려 있어서 자꾸 신물이 넘어오는 것과 비슷한 거예요."

→ 주의를 기울이거나 집중하기 힘들어요.

"충격적인 일을 경험한 사람들에게 자주 있는 현상이에요. 기억력이 나빠진 느낌일 거예요. 그런데 이 현상은 기억력이 손상된 것이 아니고요. 집중력이 일시적으로 떨어져서 그래요. 고통스럽고 감정적으로 힘들다 보니 어딘가에 충분히 주의를 기울이지 못하게 되는 거지요."

→ 예전보다 쉽게 놀라거나 예민해졌어요.

"작은 자극에도 놀라고, 꿈을 꾸면서도 놀라고 하다 보니 몸도 마음도 지치고 많이 힘들죠. 그런데 이것도 흔할 뿐더러 자연스런 반응이에요. 자신을 보호하려고 몸과 마음이 움직이다 보니 생기는 현상이에요. 이전에 너무 놀라고 무서운 일을 겪었기 때문에 몸이 계속 긴장하고 작은 신호에도 조심하라고 경고를 자꾸 줘서 생기는 일이에요. 실제로 몸에 이상이 온 건 아니에요."

→ 뚜렷한 이유가 없는데도 주위를 경계하고 조심하게 돼요.

"또 다시 나쁜 일이 생기지 않을까 조심하고 대비하는 건 당연한 일이에요. 자신을 보호하려고 몸과 마음이 움직이다 보니 생기는 현상이지요. 이전에 너무 놀라고 무서운 일을 겪었기 때문에 몸이 계속 경계하고 조심하라고 경고를 주어서 생기는 일이에요."

→ 잠들기가 힘들고 안 좋은 꿈을 꿔요.

"우리 몸은 그 힘든 사건을 '소화'시키기 위해서 오랜 시간을 곰곰이 생각해요. 마치 우리가 과식을 하고 나서 소화를 시키려고 위장이 운동하는 것처럼 말이지요. 잠을 자는데 어려움을 겪거나 악몽을 꾼다는 건, 여러분에게 일어난 일을 소화시키는 한 방법일 수 있어요."

▶ 점선을 따라 뜯어서 사용하세요.

가정에서 해볼 수 있는 '안정화' 기법

심호흡

우리의 마음이 갑자기 놀라거나 긴장이 될 때는 평소에 잘 되던 숨 쉬기 연습이 잘 안되기도 한답니다. 그렇기 때문에 가장 중요한 연습은 바로 심호흡이에요. 숨을 들이 마실 땐 코로 들이마시고요. 숨을 내쉴 땐 입으로 '후~' 하면서 숫자 5를 세 보아요. 익숙해지면 숫자 7을 세도 좋아요. 천천히 끝까지 '후~' 하고 내쉬는 게 가장 중요해요. 가슴에서 숨이 빠져나가는 느낌에 집중하면서 천천히 연습해 보세요.

복식호흡

한 손은 배 위에, 한 손은 가슴 위에 대보세요. 그다음에 숨을 들이쉴 때는 아랫배가 풍선처럼 부풀어 오르게 하면서 숨을 들이쉬는 겁니다. 숨을 내쉴 때에는 아랫배가 쑤욱 들어가게 하면서 천천히 숨을 내쉬어요. 아랫배가 풍선처럼 부풀어 올랐다가 쑤욱 숨이 빠져나가는 느낌을 함께 느끼면서 집중해보세요. 누워서도 해볼 수 있으니 집에서 꼭 연습해 보아요.

착지법

착지법은 힘든 생각이나 감정, 장면 등이 떠오를 때 '지금 여기'인 현실로 돌아오게 도와주는 연습이랍니다. 앉거나 서서 해볼 수도 있어요. 지금 바닥(땅)에 발을 딛고 있는 것을 충분히 느끼는 거예요. 발바닥 전체를 바닥에 붙이고, 발이 바닥(땅)에 잘 닿아있다는 것에 집중하세요. 발을 들었다가 쿵~ 하고 내려놓기도 하고, 발바닥이나 발가락에 힘을 주기도 하면서 지금 여기에서 안전하게 있다는 느낌을 느껴보세요.

나비 포옹법

나비포옹법은 갑자기 가슴이 두근대거나 긴장이 될 때 사용해 볼 수 있어요. 힘들고 마음이 아픈 장면이나 생각들이 떠오르게 되면, 그 생각들이 빨리 잘 지나갈 수 있도록 연습하는 방법이에요. 두 팔을 쇄골 아래쪽에 X 자로 교차하여 올려놓은 다음에 손바닥을 번갈아 가면서 두드려주는 거예요. 이렇게 연습하면 힘든 생각들이 저 멀리 지나갈 수 있도록 하는데 도움이 되어요. 양쪽을 번갈아 가면서 두드리는 게 가장 중요한 점이랍니다. 마치 나비가 날갯짓을 하면서 날아가는 것처럼 양 손바닥을 번갈아가면서 두드리면 됩니다.

(가정에서 함께 해봐요 ❶)

감정 온도계 연습

감정 온도계는 마음이 힘들고 불편한 정도를 숫자로 점수를 주는 거랍니다.
0점은 가장 편안한 마음의 상태를 의미하고요.
10점은 가장 고통스럽고 힘든 마음의 상태를 뜻해요.
5점은 중간 점수로 어느정도 참을 수 있을 때를 의미해요.

아이에게 설명할 때
온도계 위의 얼굴 표정들이 어떻게 보이는지 함께 이야기 나눈 다음
점수를 정하고 온도계에 색칠하도록 안내해 주세요.

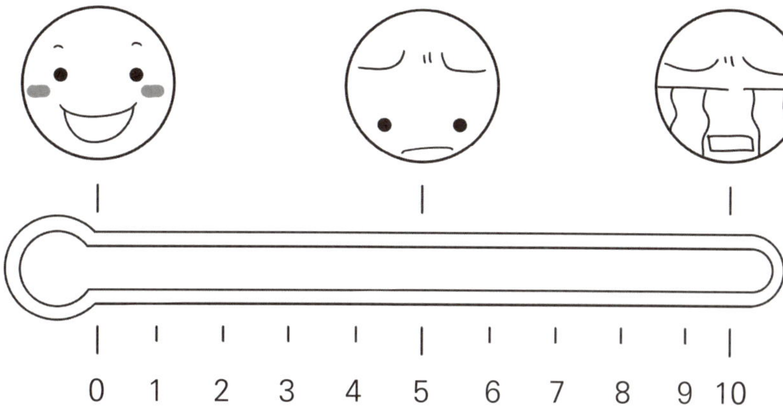

감정 온도계는 한 번만 연습하는 것이 아니라 꾸준히 날마다 하면 더 좋답니다.

내 마음이 얼마나 힘든지 그때그때 점수로 떠올려볼 수 있다면
마음의 온도를 이해하기에 도움이 되겠지요.

▲ 점선을 따라 뜯어서 사용하세요.

심호흡 연습

누구나 힘든 일을 경험하게 되면 평상시에 문제없이 원활하게 심호흡을 하던 것조차 생각처럼 잘 안될 수도 있답니다. 그렇기 때문에 평소에 올바르게 심호흡하는 연습을 꾸준히 하는 것이 좋습니다. 올바른 심호흡이 몸에 숙달되어 있다면, 순간적인 스트레스, 긴장 등 마음의 고통이 있을 때 아주 유용하게 활용할 수 있는 대표적인 안정화 기법이 바로 심호흡이지요.

심호흡을 할 때에는 숨을 코로 들이마시고 입으로 후~ 하면서 천천히 내쉬면 됩니다. 들이쉬는 것 보다 내쉬는 것이 아주 중요해요.

숨을 내쉴 때는 천천히 내쉬도록 연습하는 것이 좋습니다.

마음을 안정화하는 이 호흡법을 몸이 잘 기억할 수 있도록 아이와 함께 규칙적으로 연습해 보세요.

(가정에서 함께 해봐요 ❸)

복식호흡 연습

심호흡과 마찬가지로 심리적 안정을 돕는 유용한 방법으로는 복식호흡이 있습니다. 어린 아이들은 복식호흡이 바로 잘 안될 수도 있어요. 연습을 통해서 몸이 익숙해지도록 하는 것이 필요합니다. 처음부터 생각처럼 잘 안 된다고 해서 좌절하지 않도록 격려해주시고 지지해준다면 더욱 좋겠지요.

편안한 공간에서 연습할 수 있도록 해주세요.
한쪽 손은 가슴 위에, 다른 손은 배 위에 놓는 것이 첫 번째입니다.
그다음에는 숨을 들이 쉬는데, 이때에 아랫배가 볼록하게 나와야 해요.
숨을 내쉴 때에는 천천히 내쉬면서 아랫배가 쏘옥 들어가게 하는 것이 포인트입니다.

아이에게 먼저 시범을 보여주고 따라하게 해주세요.
배에 손을 올려놓고 숨을 들이 쉴 때, 배가 풍선처럼 나오는 것을 느끼게 해주세요.
그리고 아이가 할 수 있도록 도와주세요.
아이에게 설명할 때는 "숨을 들이쉬면서 아랫배를 풍선처럼 부풀어 오르게 해보자."라고 이야기해주어도 좋아요. 연습하기 전에 풍선에 바람을 불어 넣었다 빼는 놀이를 통해서 복식호흡의 원리를 이해하게 해주는 것도 도움이 됩니다.

이때에도 가장 중요한 것은 숨을 내쉴 때 천천히 내쉰다는 거예요.
힘들어하지 않을 정도로 연습해서 몸에 익힐 수 있도록 해보세요.

▲ 점선을 따라 뜯어서 사용하세요.

나비포옹법 연습

마음이 불안해지거나 안 좋은 생각, 감정, 장면 등이 떠오르게 될 때
연습해보면 좋은 안정화 기법입니다. 힘든 생각들이 떠오르게 되면,
그 생각들이 빨리 잘 지나갈 수 있도록 연습하는 방법이에요.

두 팔을 쇄골 아래쪽에 X 자로 교차하여 올려놓은 다음에 손바닥을 번갈아 가면서
두드려주는 거예요. 이렇게 연습하면 힘든 생각들이 저멀리 지나갈 수 있도록 하는데
도움이 돼요. 마치 나비가 날갯짓을 하면서 날아가는 것처럼
양 손바닥을 번갈아가면서 두드리면 됩니다.

가슴을 토닥토닥하기 힘들 때는
손바닥으로 양쪽 허벅지를 번갈아가면서 두드려도 좋아요.

왼쪽, 오른쪽, 왼쪽, 오른쪽을 번갈아가면서 양측 자극을 주는 것이 포인트입니다.

엄마와 아이가 함께 연습하면 훨씬 쉽게 이해하고 기억할 수 있어요.
규칙적으로 연습할수록 마음이 안정될 거예요.

외상 사건 경험 이후의 응급상황이나 초기에 경미한 스트레스 반응은
대다수가 경험합니다.

하지만 증상이 지속되거나 만성화 되는 경우
자신이나 세상에 대한 부정적인 관점이나 정서가 지속되면서
만성 불안을 동반하고,
인지, 행동, 대인관계, 능력발휘, 진로 등 삶의 전 영역에 영향을 줄 수 있습니다.

▲ 점선을 따라 뜯어서 사용하세요.

아래 내용은 힘든 일을 겪은 사람들의 마음에 생길 수 있는 것들입니다.
아이가 경험한 사건에 대해 지난 일주일 동안 얼마나 많이 그런 적이 있었는지 (O) 체크해 보세요.
(※ 아래의 그 일은 내가 경험한 일을 의미합니다.)

	문 항	전혀 그렇지 않다	거의 그렇다	가끔 그렇다	자주 그렇다
1	그 일을 생각하지 않으려고 해도 생각날 때가 있나요?	0	1	3	5
2	그 일을 기억에서 지워버리려고 노력하나요?	0	1	3	5
3	주의를 기울이거나 집중하는데 어려움이 있나요?	0	1	3	5
4	그 일에 대한 감정이 세게 밀려오는 것을 느끼나요?	0	1	3	5
5	그 일이 일어나기 전보다 더 쉽게 놀라거나 예민해졌나요?	0	1	3	5
6	그 일을 생각나게 하는 것들을 피하며 지내고 있나요? (장소나 상황 등)	0	1	3	5
7	그 일에 대해 이야기 하지 않으려고 노력하나요?	0	1	3	5
8	그 일의 장면이 마음속에 갑자기 떠오르나요?	0	1	3	5
9	다른 것들이 그 일을 생각나게 하나요?	0	1	3	5
10	그 일에 대해 생각하지 않으려고 노력하나요?	0	1	3	5
11	쉽게 짜증이 나나요?	0	1	3	5
12	뚜렷한 이유가 없는데도 주위를 경계하고 조심하나요?	0	1	3	5
13	잠을 자는데 어려움이 있나요?	0	1	3	5

* Children's Revised Impact of Event Scale
출처: Children & War Foundation. Measures. Available from: https://www.corc.uk.net/outcome-experience-measures/child-revised-impact-of-events-scale-cries/

위의 13문항을 보고 체크한 점수의 총 합이 **30점 이상**일 경우에는
아이들에게 심리 정서적 어려움이 있는 상태이므로 전문가의 도움을 받으시기를 바랍니다.

참고문헌

- 경기남부해바라기센터(거점)(2015). 해바라기센터 자기보고식 척도 자료집-필수 항목 권고안. 경기남부해바라기센터(거점).
- 방수영, 이미선, 김은지, 김지연, 박장호, 배승민, 이주현, 이철순, 장형윤, 황준원(2017). 재난 기본 개입 프로토콜 매뉴얼(Intervention Protocol Manual) 소아청소년용 V 1.0. 대전: 을지대학교 산학협력단.
- 방수영, 이미선, 김은지, 김지연, 박장호, 배승민, 이주현, 이철순, 장형윤, 황준원(2017). CIDER-C 재난 기본 개입 워크북 (내 마음의 반창고) 초등학생용 V 1.0. 대전: 을지대학교 산학협력단.
- 이주현. 십대를 위한 9가지 트라우마 회복스킬. 서울: 학지사: 2015.
- Children & War Foundation. Measures. Available from: https://www.corc.uk.net/outcome-experience-measures/child-revised-impact-of-events-scale-cries/
- Lee MS, Kim HS, Park EJ, Bhang SY. Efficacy of the Children in Disaster: Evaluation and Recovery (CIDER) Protocol for Traumatized Adolescents in Korea: a Preliminary Study. Journal of Korean Medical Science 2020;35(29): e240.
- Lee MS, Park EJ, Bhang SY. The Effect of the CIDER (Children in Disaster: Evaluation and Recovery) on Trauma, Depression, Anxiety and Quality of Life in Adolescents in Korea: Controlled Study. American Academy of Child & Adolescent Psychiatry(AACAP) 2020 Virtual Annual Meeting. 2020.10.19-24.
- Oh EA, Park EJ, Lee SH, Bae SM. Validation of the Korean version of the Children's Revised Impact of Event Scale. Clinical psychopharmacology and neuroscience 2014;12(2):149.

▶ 점선을 따라 뜯어서 사용하세요.

Memo